ポチ・たまと読む

ココロが成長する言葉の魔術

ハイブロー武蔵＋ゆかいな仲間たち・著

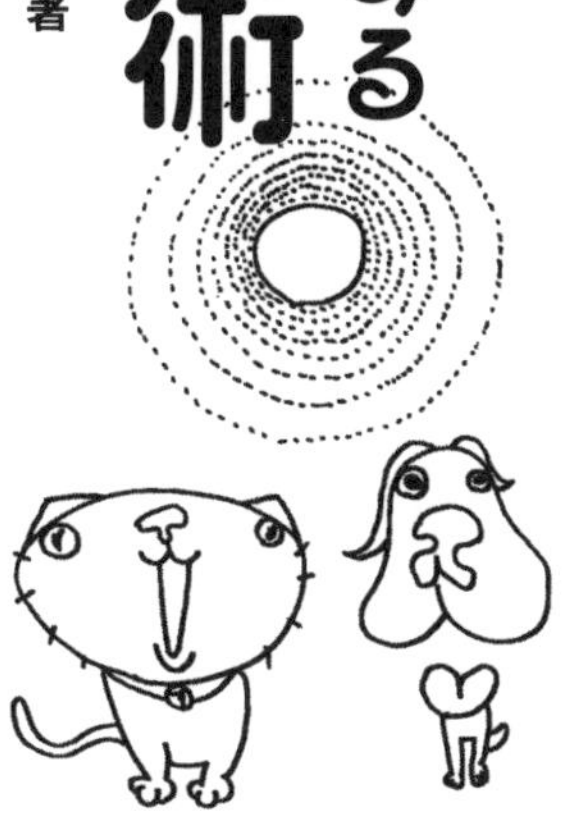

総合法令

まえがき

私たちは言葉に支えられて生きています。

いや、私たち自身が言葉で創《つく》られているといってもよいほどです。言葉でものを考え、心を形成し、自分という人間を見つめる。他人を知り人間関係を創る。世の中を知る。神の存在や宇宙すらも考察《こうさつ》する。生とは何か、死とは何か、愛とは何か、喜びとは何か、幸せとは何かを知り自分のものとすることができるのです。

すべて言葉があってこそのことです。

さらに言葉を持って以来の人類を丹念《たんねん》に調べていくと、そこに一つの真理があるといわざるをえません。

つまり、「言葉には魔術」がある、ということです。

人は、この言葉の魔術を使うことによって、自分の願望を達成させ、社会に貢献していく存在になっていくことができるもののようです。

では、その〝魔術〟をどうやって身につけていくのか、どう使うのか。

それを、これから皆様とともに、学んでいき、私たちの生きている意味を考え、一人ひとりの夢が叶《かな》えられるようにしていきたいと願っています。

ハイブロー武蔵

ポチ・たまと読む
ココロが成長する
言葉の魔術

目次

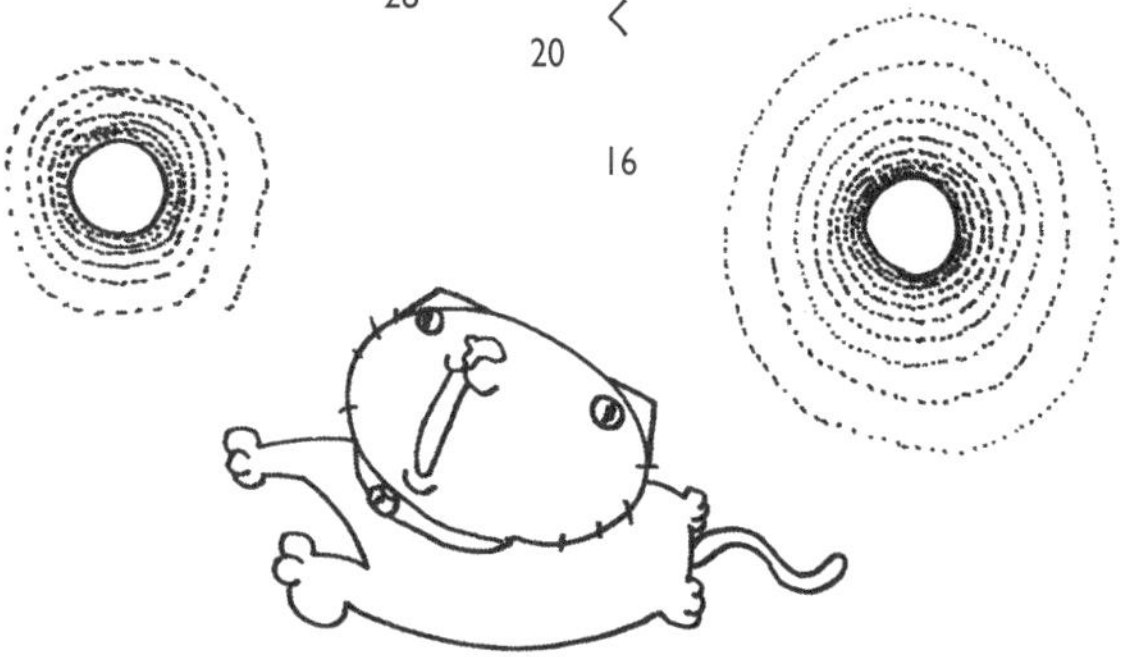

第3章　言葉がすべてを生み出す力

第4章　口ぐせの偉力

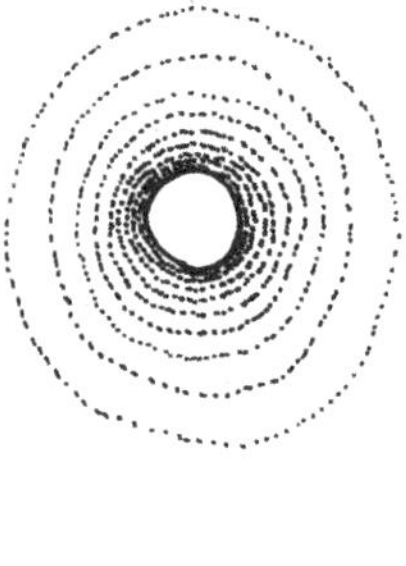

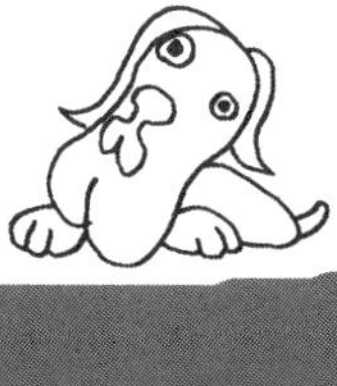

第1章　自分に奇跡を起こす言葉

1　言葉の魔術が本当の自分を創る

人はその使う言葉で決まります。

人は自分のことがわかっているようで、よくわからないものです。

とても、気分が乗って、矢でも鉄砲でも持って来いというようなときもあります。

たとえばスポーツをしているとき、試験勉強をしているときなどに、ちょっと思ったよりよい成績だったり、うまくいったりすると、もう自分は、世の中のだれよりもできるんじゃないかと思えるときがあります。

大好きな人に、ラブレターをもらったり、愛を受け入れてもらえたりしたときもそうでしょう。

かと思えば、自分ほど無力な、なにもできない奴はいないんじゃないかと思うほど落ち込んだりするときもあります。

ちょっとした他人の言葉に傷ついたり、冷たい仕打ちに遭ったり、成績が落ちたりしたときなどです。

このようにちょっとした気分の変化でも、自分自身がわからなくなるのですから、本当の自分は何者かなど、わかるわけないというのも肯《うなず》けるのです。

だから、みせかけの自分を見て、これが私のすべてであるという限界を設けてしまうのは、あまりにももったいないといえます。

私は結局、本当の自分はどこにあるのかというと、自分の中に潜在する意識、いわゆる潜在意識ではないかと思うのです。

現代における最大の発見の一つは、この潜在意識というものであるといわれています。

では、この潜在意識というのは、どうやって創られていくのか。

今、わかっていることの一つは、自分の口にする言葉つまり実在意識に与える言葉の情報の積み重ねではないかということです。

だからこそ、自分を信じ、自分の可能性を伸ばす言葉群をくり返し口にし、時には紙に書き、文章にし、潜在意識にため込んでいくことが大切だと思うのです。

ちょっとしたペーパーテストの結果や人の意見、見方で自分を小さく小さく押さえ込むような潜在意識を創っては、あまりにも、自分という人間がかわいそうです。

今の私は、たしかに、まだまだかもしれません。

勉強も、仕事も、恋愛もパッとしないかもしれません。しかしそれはまだ、本当の自分ではないのです。ただ、ただ、今という時点での仮の現象です。いわばみせかけの私です。

たった今から、自分を信じ、本当の自分、人に好かれ、人の役に立つ自分を創るのです。

そして、それは、言葉の魔術が可能にしてくれるのです。

そうか、本当のボクは、ふだん外には出て来ないし、見えないところにあるのか。すごい力を秘めた潜在意識にあるんだね。

潜在意識の活用法は、よい言葉をくり返し使うこと、特に寝る前によい言葉をいい、よいイメージの自分を創ることにあるんだよ。

2　人が分かれるのは言葉である

頭の構造はそんなに違わないのに、また顔の善し悪しも大して違わないのに、それぞれの人生において、全く違った生き方をしてしまうのがこれまでの人間のようです。

一方では、やることがすべてうまくいく、いつのまにかよい人たちに囲まれ、仕事や恋愛でも、とてもうまくやっている。

他方、なにか、すべてが悪いほうに悪いほうに、だんだんと向かっていく。

どうしてこんな違いが出るのでしょうか。

私は、人は能力や見た目で決まるのではない、まして遺伝だけで決まるものではないと思っています。

では、それを分けるのは何か。

それは、その人の使う言葉です。思う言葉、考える言葉です。それで分かれていくのです。

経営の神様といわれた松下幸之助は、小学校しか卒業していません。それに病弱でした。

少し大きくなって専門学校に通いましたが、成績はそのクラスでも中の下くらいだったといいます。

しかし、あれだけの企業を育て、たくさんの著作物を書き、日本中の人から尊敬されました。世界的にもいつも注目される経済人でした。

松下幸之助があれだけの人物になれたのは、ただ、ただ、自分を信じ、未来を信じ、人のお役に立っていこうという生き方を信じ、そうして、それにふさわしい言葉を死ぬまで使いつづけたからです。

自分で独立して仕事を始めてからも、病気がちで、寝たり起きたりの半病人だった彼は、その中から、人の助けなどを得たりしつつ、次のようなことに気づいたといいます。

「人間とは偉大なもので、その能力や可能性というものには限りがないのではないか、と思うようになったのです」

「つまり、各人それぞれにさまざまな知恵や力など限りない可能性を秘めている。そのことにお互いが気づいて、個々に、あるいは協力してその可能性を磨いていくならば、人間本来のもつ特質、よさが光り輝くようになっていきます」

（『人生心得帖』ＰＨＰ）

そして、数々の自分を信じ人生を開く言葉を唱え、他人を信頼し、愛ある言葉で励まし、大きな仕事をしつづけました。

私たちも、一人ひとり松下幸之助と全く同じ能力や可能性を、いや、それ以上の可能性を秘めているかもしれないといえるのです。

人を違えさせているのは、考え方一つ、言葉の選び方、使い方一つなのです。

第　1　章

学校の成績よりも、生涯自分が使う言葉で人生が決まるとはね。ボクもこれからだ。

松下幸之助さんは、子どものころすべてを失った。親も財産も、兄弟も。でも、自分は「運がいい」といいつづけて、また、「幸福、繁栄、平和」を唱えつづけて、世界の著名な経済人となったんだ。もちろん、家族、社員、日本人を信じ、愛した。だれだって可能性があることを教えてくれた人なんだ。

3　積極的な言葉しか使わない人は奇跡を起こしていく

この世で、見事としかいいようのない仕事をする人がいます。

人間ワザとはいえないような働きをして、世の中に貢献していく人がいます。

そういう人たちは、なぜ、そんなふうになっていったのか、なぜ、そういう奇跡のようなことができたのでしょうか。

それは、決してあきらめることを知らない人たちであったからです。

発明王エジソンは何度も何度も、実験に挑みます。彼には失敗という言葉はないのです。また成功に一歩近づいたという積極的な心しかないからです。

江戸末期のころ伊能忠敬は、五十歳で隠居した後、測量術を学び、その後日本地図を作るために、日本中を歩きました。彼には年齢も関係ない、ただ、必ず、正確な日本地図を作り上げてお役に立ちたいという積極的な心しかなかったのです。

第　1　章

実際の世の中では、自分にとってイヤなことばかり起きるように見えるときがあります。

さすがに、落ち込んだり、くさったりもするかもしれません。

しかし、そのままでは、自分の本当のよさが死んでいってしまいます。

仮に、不運やイヤなことが起きようと、つらい目に遭おうと、心を、きっちりと入れ替えなくてはいけません。

たしかに状況はよくないのかもしれない。

しかし、それから先のことはだれにもわかりはしないのです。

自分が否定的になれば、消極的になれば、ますます事態は悪くなっていきます。

決して、悲観しないことです。

決して恐れないことです。

いつも、自分を積極的にしていく言葉を用意して、口にするのです。

特に一日の終わり、フトンに入る前には、自分を信じ、未来を信じる言葉をいい、自分を明るく、積極的にしてくれるものをイメージするのです。

世の中で、これはという人のほとんどは、厳しい状況の中でも、積極的な心を失わなかったという人のようです。

ここで積極的とは、「がむしゃらに」というよりも、どんな事態が来ようとも素直に受け止め、必ずそれを、乗り越えていく柔軟で、決してあきらめない心のありようといったほうがよいかもしれません。

あくまでも素直で、正直で、明るい心をめざしたいのです。そういう言葉で過ごしていきたいのです。

これさえあれば、なにも恐れたり、悲観したりすることはないのです。

そうしているうちに、あなたがやろうとしたことが実現していくのです。

あなたには、必ず奇跡を起こしていく力があるのです。

「素直」「正直」「明るい」心と言葉だね。

「奇跡」というのは、つまり、どこまでも前向きで、あきらめることを知らない人の心と言葉から生まれるのだろうね。

エジソンもこういった。

「天才は一パーセントの霊感（インスピレーション）と九十九パーセントの汗からなる」

4　人は使う言葉次第でなりたい自分になっていく

人類が気の遠くなるような長い長い地球の歴史の中で登場したのは、ほんのつい最近です。そして、その人類がついに言葉というまさに魔法の宝物ともいうべきものを手に入れてから、地球という星が全く違ったものに変わりはじめました。

つまりおそらくこの宇宙を創った存在は、この言葉を使う人間を地球に登場させ、よりすばらしい世界を創らせようとしているとしか思えないのです。

言葉を使えることで、私たちは、神や仏というもの、あるいは宇宙を創り出した存在につながり、その意思を実現していくことが役割として与えられたのではないでしょうか。

この大きな意思の中での原則は、自分は、こうなりたいという明確な言葉を口にし、それをいいつづければ、必ずそうなっていくということです。

ただし、気をつけなくてはいけないのは、この宇宙を創り出したものの意思は、真、善、美といわれるものの実現に向かっているらしいということです。

つまり、悪いこと、ウソ、醜いことは言葉に出していくべきではないことになります。それは、未来を否定してしまうような言葉だからではないでしょうか。

またこの悪い言葉は、それが仮に他人に対してでも、結局自分に向けられることにもなります。

この場合、主語は関係なくなってしまうからです。

たとえば、「あいつをダメにしてやる」「傷つけてやる」といえば、自分にも「ダメにする」「傷つける」という言葉がはねかえってくるのです。

だから、自分がよき方向でこうなりたい、と願う言葉を断定的に毎日くり返すのです。

必ず効果が現れます。それが、宇宙の真理、めざす方向だからです。

私たちは一人ひとりの大切な命を、十分に生かし、一人ひとりが幸福になるように創られているのです。それが私たちのこの世での使命、ミッションです。

ただ、ただ、それを阻害するのは、私たち自身の思いであり、そこから発せられる言葉なのです。

思いを正しく、そして、言葉を選び、なりたい自分に向けて、その言葉を使っていきたいものです。

あなたは必ず変わります。

必ず幸せになっていくのです。

たしかに使う言葉でその人がどんな人かわかるね。

私はプラトンの書いた言葉「一番大切なことは単に生きることそのことだけでなくて、善く生きることである」（ソクラテスの弁明）をいつも肝に銘じてるよ。

5　運命も病も積極的な言葉で乗り越えていく

私たちには、どうしてこんな目に遭わなくてはいけないのだろうと思うときがあります。

たとえ失恋一つでも、心の痛手が大きかったりします。

さらには、友だちの放つ言葉の一つに傷つき、立ち直れないくらいに落ち込むことがあります。

そして、もっとつらい運命がやってくるときもあるかもしれません。

今の日本は平和で戦争はありませんが、まだ世界のあちこちで戦闘が起こり、難民は多く、飢えている人たちもたくさんいます。

人の一生は、一日一日は、死というものへの準備でもあります。

いつ病や事故で死ぬかわかりません。

ガンは未だに完全には克服されず、交通事故もまだ防ぎきることはできないのです。しかし、こうした病や運命が私たちを襲おうとも、決して消極的になったり、悲観してしまってはいけないのです。

病になったら、しかたない。いったんは、その事実を認め、原因を探り、自分の生き方、暮らし方を反省し変えていくのです。

悲観やあきらめ、マイナスの言葉はますます病を重くします。

今、注目の体の免疫力も、心の持ち方に大きく左右されるといいます。

積極的な言葉を使いつづけ、自分の心を、前向きに明るくしていけば、血液もアルカリ性となり、流れもよくなり、体の自然治癒力、免疫力も高まるといいます。

病とにらみ合うよりも、事実を認め、自分を前向きに、前向きにしていくことが大切なのです。

また、どんな運命が来ようと、恐れず、怖がらず、自分の力をつけるときだと前向きにとらえなくてはいけません。

たとえ、肉親の死に打ちひしがれても、すぐに立ち上がらなくてはいけません。その肉親の分まで、自分がよりよく生きていくしか、その方の恩に報いる法はないではないですか。

他人を非難しても、怒っても、事態は悪くなるばかりです。自分をさらに痛めつけることになるのです。

何事にも積極的な心と言葉を心がけるようになると、今日一日という日に感謝したくなります。

「私は、今日一日せいいっぱい、前向きに、積極的に生きた。明日を迎えられたら、また、感謝の気持で生きよう」と。

人間は死んでも、魂が残ります（私はそう信じています）。心も体も魂が作り、その魂というのは永遠に不滅で、おそらく、私たちを創ったもの、宇宙を創ったものとつながっているはずです。

だから、生きている間は、感謝の気持で積極的に生き、死んだら、先に戻った父や母たちの魂と同じところに帰る。私は、そう考えて、今日一日、積極的に生きようと思うのです。

すると勇気が湧いてきます。人を信じ、思いやろうと考えることができます。

私を傷つけるもの、いじめるもの、さらには病にも、負けない自分になっていけそうです。

そのためにも、積極的な態度、積極的な心、そしてなによりも積極的な言葉を使うのです。

決して、決して、嘆き、悲しみ、恐れ、おののき、批判し、怒ってはいけません。

そんな心が起きたときは、すぐに打ち消し、前向きな、積極的な言葉で、自分に魔術をかけてしまうのです。

ボクはロマン・ロランの次の言葉が大好きだ。
「病気はためになることが多い。肉体をいためつけることによって魂を解放し、浄める。いちども病気をしたことのないものは十分自己を知っているとはいえない」

そう。苦悩、悲しみは、その人自身じゃないとわからないものだね。ただ、それをきっかけにまたひとまわり大きくなりたい。やっぱり、私たちは、どんどんよくなっていくんだ。だからこそ、そんなときこそ、積極的な言葉、明るい言葉を使いたい。

6 運命をよくし、幸せになっていく具体的方法

言葉を積極的なものにしていくと、不思議に、自分の人生がよりよく開かれていくといいました。

おそらく、これは、昔からいわれている、いわゆる天地自然の理にかなっているということ、あるいは、宇宙のしくみ、めざしているものと合致するからといってよいでしょう。さらに最近は、脳の研究、心理学の発展からも、だんだん証明されはじめています。

これらの言葉は、脳をよく刺激し、心を強くし、なにものにも負けないものとしていきます。そして、自分のまわりの人の心をも豊かにし、喜ばせることになるのです。

だから、積極的な言葉、明るい言葉、前向きな言葉が大切になるのです。

「嫌だ」

「なんてこった」

「たたきつぶしてやる」

「世の中本当につまらない」

「もう終しまいだ」

といった否定語は使わないようにしたい。

でも、ついいってしまうことはだれだってあるでしょう。

そんなときは、気づいたときにすぐに打ち消せばいいのです。心の中で。

たとえば、「もう終しまいだ」といってしまったら、そのあとに、「とは思わないぞ、私は負けないよ」などを心の中でいうのです。

次に運命をよくしていく具体的な言葉の用法として、寝る前を利用することをおすすめします。

私は、レポート用紙サイズの紙に毎日、自分の人生の信念を書き出し、読むことにしています。カードにしておいてもよいでしょう。

三十代前半から続けていますが、自分の心を純化し、なにごとにもくじけない心を創ることに役立っているのではないかと思っています。

三つ目の方法としては笑顔を作ることです。これも訓練です。アメリカをはじめ、世界中で人気を集めるビジネスコンサルタント、トム・ピーターズも、鏡に向かって、笑顔の練習をしているといいます。日本のことわざにも「笑う門《かど》に福来《ふくきた》る」というよい言葉があります。これは真理の一つでしょう。

四つ目に、寝る前、フトンの中で、自分が明るく積極的に活躍している姿、幸せを感じている光景を想像してみることです。

五つ目は、朝、起きて、一日の誓いの言葉をいうのです。

以上をまとめると、次のとおりになります。

①否定的な言葉を口にしたら、その後、心の中でそれを打ち消しておくこと。
②寝る前に自分の人生に対する心がまえ、信念、具体的な夢を紙に書く。あるいは書いたものを読む。
③鏡に向かって笑顔を作る練習をする。
④寝るとき、フトンの中で自分のよいイメージを描く。できるだけ具体的に。
⑤朝起きてから、誓いの言葉をいう。

鏡による暗示法って、はじめは照れるけど、慣れると平気。効果抜群。ボクは、寝る前に鏡の自分に「お前は英語が好きになる」といい、起きたら「私は英語が好きになった」といっているよ。三カ月くらいでホントに好きになって、英語も得意になってきたようだ。

〃ピグマリオン効果〃といって、自分で、そうなると信じていいつづけると、本当にそうなるんだ。

情《なさ》けは人《ひと》のためならず

中世の昔から日本人に親しまれていた言葉です。元々の意味は、他人に情けをかけるということは、人のためだけでなく、結局、自分のためになることである、というものです。もっと俗な見方をすると、他人を助けておくと、いつか思いもかけないよいことが自分にめぐってくるとも意味することがあります。

この本来の意味が最近、違うようにも使われているようです。それは、他人に情けをかけるのはよくないことだ、甘やかせば人間がだめになるぞ、という意味です。

私はやはり本来的な意味に使っていきたいと思います。人生を前向きに生きるに、よい言葉ではないでしょうか。

第2章　人間関係は言葉である

1　日本語のすばらしさ

私はこのごろ日本語という言葉をつくづく、すばらしいなあと考えます。
特に、外国に行って帰ってきたあとに強く感じます。
とても繊細で表現力豊かな言葉です。
「私」という言葉も「あなた」という言葉もさまざまにいいかえられます。
「オレ」「ボク」「自分」「余」「拙者」「あたい」「うち」「わたくし」などなど。
「君」「貴様」「貴殿」「おたく」「お前」「てめえ」などなど。
プロ野球の試合が終わってある外国人選手がインタビューを受けていました。
彼は、「アイム、ハッピー」といいました。
これを翌日の新聞は、
「オレは、うれしいぜ」と訳していました。

いかつい黒人選手だったので、こうした訳をしたのでしょう。でも、ひょっとすると、彼はとてもまじめな人で、「私は、チームに役立つことができて幸せです」という気持だったかもしれません。

日本語というのは、心のありようを、細かく表現できます。

そして、季節の移り変わりや自然のこともさまざまに描写します。

さらに「ひらがな」「カタカナ」「漢字」の組み合わせで新しい言葉、外国語の表現や単語を日本語に柔軟に移入できるのです。

日本人は日本語で物を考え、心を練り、表現できます。これは幸せなことです。世界中がそういうわけではありません。公用語や学校で教わる言葉、そして教科書や本屋さんに並ぶ本などは母国語ではなく英語であるという国もあります。感情は母国語で、難しい思考は英語で、などと使い分けることもあるようです。

最近、このすばらしい日本語を見直そうという本がブームのようにたくさん出ています。

その中には、昔からの伝統的な日本語の名文を声を出して読むことの大切さを訴えているものがあります。

「声に出して詠み上げてみると、そのリズムやテンポのよさが身体に染み込んでくる。そして、たんに染み込むだけでなく、身体に活力を与える。それはたとえしみじみとしたものであっても、心の力につながっている」と主張され、多くの支持を集めています（齊藤孝著『声に出して読みたい日本語』草思社）。

特に日本というのは、言霊の国というくらいですから、声を出してよい言葉をいうと、その力が、その魂や霊が、自分の心と体に染み込んで来るといえるのです。そしてまわりの人たちにも、その言霊の効力が及んでいくのです。

よい言葉、前向きな言葉、積極的な言葉を使おうというゆえんです。

このすばらしい言葉を持つ日本人こそ、世界の中で一番、幸せな国づくりをしていく責務があると私は思うのです。

まずは、私たち、自分自身から、そうしていきたいと願っています。

第　２　章

言葉で国のあり方も変わるんだね。もちろん、人の心の力も左右される。
画家ゴッホも日本人についてこういっていたね。
「日本人は素描するのが速い、非常に速い、まるで稲妻のようだ、それは神経がこまかく、感覚が素直なためだ」
「日本は言霊が助けてくれる国」ともいわれるくらいに、言葉がすばらしいところ。もっとその日本語を学ばなくては。

2　よい言葉を使う人はよい人間関係を作る

人間関係はけっこう大変な面があります。

というのも、だれもが自分が一番かわいいからです。自分が一番正しいのです。

だから、そういう人たちの集まりである世の中は、難しくもなるわけです。

しかし、このことを前提としても、そのめんどうな人間関係がめんどうでなく、おもしろく、ゆかいになっていく方法があるのです。

それは、よい言葉をたくさん使うことです。

よい言葉とは、自分を積極的にし、前向きにし、まわりの人も気持よくさせる言葉です。

それは、愛ある言葉だったり、人を思いやる言葉だったり、感謝の言葉だったり、意欲的な言葉だったりします。

どうも、自分は人間関係が苦手であるなと思う人は、すぐ試してみてください。

まず、悪い言葉、悲観的な言葉、自分を暗くし、他人を暗くする言葉をやめるのです。

「大丈夫」
「ありがとう」
「うれしい」
「がんばろう」
「あなたはいい人ですね」
「素敵」
「美しい」
「優しい」
「すばらしい」

などの言葉をどんどん使うのです。

他人の悪口、他人批判は絶対してはいけないとはいいません。

ただ、その場合にも、明るくいうのです。またちょっと悪口をいいすぎたかなと思ったら、心の中ででもいいから「私は、彼が（彼女が）だんだんよくなっていってくれるとうれしいな」とかの、肯定語をいうのです。

口に出していえば最高ですが、まわりが気になるのでしたら心の中ではぜひにやってください。

よい言葉を多く使う人には、よい人たちが集まって来ます。悪い言葉を多く使って、批判ばかり、ぐちばかり、他人をボロくそにしてばかり、世の中を罵倒してばかりいると、人間関係はひどいものになっていきますし、あなたにとってのよい人は集まってきません。

できるだけ、よい言葉を使うようにしたいものです。

足利幕府を開いた足利尊氏もこう書き残しているね。
「他人の悪を能《よ》く見る者は、己《おの》が悪これを見ず」
人の批判や悪口ばかりいう人ほど、自分の悪いところが見えないという意味。つまり人間として信用されなくなるよということでしょう。

とはいうものの、人の悪口をいうのは、ストレスをためない効用はあるよ。ただ、人に信用される人になるには、
①悪口もすべて明るく、②ほどほどに、でいきたい。
それと、私は映画「ジャイアンツ」で、エリザベス・テイラーがロック・ハドソンにいう次のセリフが気に入っている。
「喧嘩のいいところは仲直りができることね」

3　仕事のできる人は、言葉をたくさん使える人

アメリカのビジネス社会で成功している人とはどんな人たちでしょうか？

ＭＢＡ出身者たちでしょうか。

もちろん、そうした高学歴のエリートたちもいるでしょうが、ＭＢＡ出身者は意外に少ないのでは、との報告もあります。

しかし、はっきりいえるのは、ビジネスの成功者たちのほとんどが、その使える語《ご》彙《い》が多いということらしいのです。

私は、これを聞いて、別な人の話を思い出しました。

それは、アメリカ人が使う英語は、その人の所属するグループで全く異なっている。特に使う単語が違うということです。

街で買物をしたり、レストランで食事するくらいの英会話は、簡単な言葉ばかりで

大丈夫でしょう。単語も五百も知っていればよいという人もいるくらいです。

しかし、よりレベルの高い仕事を行う人たちは違います。わかりやすい例でいえば、雑誌『タイム』や『ニューズウィーク』などに出てくる単語を使えなくてはなりません。さらに『ファイナンシャルタイムス』などの新聞の用語です。

世界の政治、経済を知り、語り、人間の生き方、あり方を考え、言葉にする。そして自分の人生を生かし切ることを追求していくのです。

日本でも事情は同じでしょう。

幸いなことに日本人社会では欧米やアジア各国のように階級やクラスが分かれてはいません。かなりの平等社会です。新聞や雑誌もだれもが読めるでしょう。

ただし、やはり、どれだけの言葉を使い考え話しているか、さらには、どれだけの言葉と接しているかでかなりその人の力が変わってきます。

本をよく読む人、そして、そのうえで、真剣にものごとを考えていく人は、どんどんできる人になっていきます。

使える言葉、知っている言葉に限界のある人は仕事のできる範囲も当然狭くなっていくのです。

日本という国は、よい学校かどうか、高学歴かどうかに関係なしに、自ら本を読んだり人から学んだりして言葉を多く知り、仕事の能力を伸ばしていける国です。その人の心がけ次第、つまりその人の使える、使う言葉次第なのです。

私がいつも「本を読もう」と呼びかけているのは、そういうことからなのです。

特にビジネスリーダーをめざす人が、本を読む必要があるのは、こういうわけがあるからです。

ボクもあるとき、尊敬する先輩に「とにかく本を読め。将来そのありがたさがわかるぞ」といわれてから自分が変わりはじめたようだよ。

考えてみれば、人は、言葉ですべて物を考え、そして行動していくんだから、言葉の限界はその人の限界ということね。言葉を多く知る人は、可能性の多い人となるわけだ。

手塚治虫《てづかおさむ》は漫画家志望の若者たちにこういっていたというよ。

「君たち、一流の漫画家になりたかったら、一流の音楽を聴いて、一流の映画を観て、一流の本を読みなさい」ってね。

4　人生に遅すぎるということはない

できるならば、子どものころから素敵な人生を歩んでいきたい。よい人生を生きていきたい。できたら、子どものころから本を読み、たくさんのよい言葉を身につけておきたい。

しかし、人は、生まれてからすぐにいつも自分の思うようには生きていけないこともあります。中には、自分がダメなことの理由を自分の育った家庭環境のせいにしたり、親のせいにしたりする人がいます。

「自分の家が貧乏だったから、よい学校に行けず、出世もできない」と私にいう人がありますす。

しかし、私の知る会社では、トップの多くは高校卒です。そして東大や早稲田、慶應の卒業生たちを指揮しています。あるいはアメリカのＭＢＡ出身者の上に立つ人もあります。

でも私は、そういう人たちの話を彼にはいいません。機会があるときに、そういう会社の人と会ってもらうようにします。自分で気づかないと、なかなか難しいのです。

特に今の日本では、昔のように学歴でその人の地位が決まることはほとんどなくなってきました。これからはもっとその傾向は強まります。

ましてや、その人が幸福な人生を送るかどうかは、生まれや経歴は関係しません。

そして、遅いということはありません。

環境というものに大きな影響を受けるのはたしかです。

でも、自分で気づいたとき、始めたときが、幸せのはじまりなのです。よい人生、そのためによい言葉を身につけ使っていこう、と。

アメリカのワシントン州に住み、大学で日本語と経済学を教えておられる若林茂さんは、自分の心を磨き、言葉を美しくしていくためでしょうか、五十歳を過ぎた今でも早朝読書として、三十分間、本当の良書を、メモを取りながらくり返して読む習慣を持っておられるそうです。

実際、その生き方は実に豊かで、素敵なものとなっています。自然を愛し、ともに生き、芸術を愛し、文学にも映画にも造けいが深い。
学者には視野が狭い人もいる中で、決してそうではないのです。
それは、言葉を大切にする生活をなさっていることも大きいのではないでしょうか。
私も、言葉に対する姿勢を、いつも自分に問うていこうと思っています。

ボクは学校に行けなかったけど（行くのを自分からやめた）、自分の人生だから自分で責任を持つよ。まして親には、迷惑かけない。だからこそ、自分でしっかり勉強し、たくさんよい言葉を身につけていって、これから生きていくよ。

ポチも悩んだんだね。
人間って不思議だよね。生まれや学歴ってなんだろうと思う。人生と必ずしも結びつかない。「努力は報われる」という言葉が人生の真理だと思うよ。

犬《いぬ》が西《にし》向《む》きゃ尾《お》は東《ひがし》

「当り前のことをいうんじゃないよ」ということを相手にいいたいときに使う言葉です。詩人の大岡信氏はこの言葉の解説として次のように述べておられます。

「犬が西向きゃ尾は東」ということわざが意味しているのは「あったりまえよ」ということですね。相手があたりまえにも当然のことを言ったとき、相手を笑いのめし「なにばかなことを言っているの！」と伝えてあげる。間接的に笑いをもってたしなめているのです。ことわざの用途のひとつにはそういう役割があります。もちろん、いろいろ

たまの覚えておきたい日本語 1

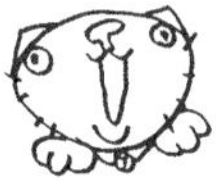

な使い方がされますが、根本的には対人関係を円滑にするためにあると言ってもいいかもしれない。比喩的に言えば、ことわざをうんと教えることは、なぐりあいをしないですむ人間関係をつくりだすということになります。

おもしろい〝ことわざ〟を覚えてそれをうまく使いこなすことは人間関係力のアップにもつながることはたしかなようです。

第3章　言葉がすべてを生み出す力

1　まず感謝そして喜びの心を

多くの人は、自分の不幸、不満をまずいいます。

なにかにつけ、人の悪口をいい、批判をし、おのれの不運を嘆きがちです。

私もそうかもしれません。

しかし、こうなると、ますます状況は悪くなるばかりです。

文句をいったからって、運命を嘆いたからって、だれも助けてくれません。

人は、口ではこのように世の中をのろうくせに、けっこうずるく神だのみをしたりもします。自分だけはなんとかしてもらいたいと願うのです。

ところで、一方で、人間は、着々とよい方向の考え方、真理を発見しつつあります。

人間の本当の幸せや、生きがいや、成功といったものは、ひょっとしたら、心の持ちようを変えることで実現していくのではないかというものです。

人間というのは、案外捨てたものではなく、万物の霊長であって、生まれてきたことにまず感謝すべきではないのか、いくらひどい運命が来ようと病になろうと、まず生きていることを喜ぶべきではないのか。

そうしていると、自分を生かす道、役立てる力が湧き、運命もぐんぐんよくなっていくのである、というのです。

このことに気づいた人たちが、真の幸福をつかみ、世の中に役立つ人となり、本当の意味での成功者と呼ばれる人になっていくといえるのではないでしょうか。私も、最近そう思うのです。

いくらお金を手にし、ぜいたくをしてみても、これっぽっちも人や世の中そして自分を存在させてくれたものに感謝しない人に、なんの幸せがあるのでしょうか。

いつの日か、自分が、一人ぼっちになり、そのつまらぬ心に悩まされていくことになるのです。

どうせ一回しか生きることのできない人生です。人の役に立つことの喜び、感謝することのすばらしさを知り、それをまず心がけて生きてみたい。

すると、自分の人生がどんどん光輝きはじめるのです。

まわりに人がいてくれての幸せであり、喜びだよね。

一人ぼっちの人生ほど、つまらないものはないよ。お金でもない、権力でもない、自分にふさわしい人とのつながりが本当の喜びになるんだね。

難しい言葉だけど夏目漱石の「則《そく》天《てん》去《きょ》私《し》」という言葉が好き。自分の欲で一喜一憂せず、あるがままを認め、感謝し、前向きさを失わないで生きたい。

2 人は口にする言葉のとおり、信念の言葉のとおりになる

人類が発明したもの、つくり出したもので最大の発明といえるのは、言葉です。

人類は、言葉を持つことによって、万物の霊長と呼ばれるほどの存在になりました。言葉を持つことは、さらに、その言葉によって、「必ずこうなっていく」という信念を持つことを可能にしました。

信念とは、言葉を使い、ある目標に必ず到達するという固い、不動の意思であり決意です。信念を固めることができたならば、もう、その中味は実現に向かっていくのみなのです。それほどのすごい力を、この信念というのは秘めているのです。

ただし、その信念の中味が、真理に反してはいけません。つまり、前にも述べたように、天地自然の理（すなわち、世の中のためになること、自分をそのために成長させることなど）にかなっていることが大切です。

この信念の重要性を説きつづけ、多くの人たちを成功へと導いた人がいます。中村天風《なかむらてんぷう》という人です。

昭和天皇をはじめとする皇族の方たちや日露戦争の英雄東郷平八郎、さらには、アメリカのロックフェラー三世、松下幸之助や稲盛和夫氏などが師と仰ぎ、その信念の言葉に導かれていったといいます。

中村天風の晩年に教えを乞うた日本を代表する女流作家宇野千代はこう述べています。

「人間は何事も自分の考えた通りになる。自分の自分に与えた暗示の通りになる。」ある夜、天風先生が言われた。「出来ないと思うものは出来ない。出来ると信念することは、どんなことでも出来る。」そう言われた。ほんとうか。では、私は、書けないと思ったから書けないのか。書けると信念すれば書けるようになるのか。

十七、八年間、ぴたりと一行も書けなかった私が、ある日、ほんの二、三行書いた。書ける。また、一枚書いた。書ける。ひょっとしたら、私は書けるのではあるまいか。

そう思った途端に書けるようになった。書けないのは、書けないと思ったから書けないのだ。書けると信念すれば書けるのだ。この思いがけない、天にも上るような啓示は何だろう。そうだ。失恋すると思うから、失恋するのだ。世の中の凡てが、この方程式の通りになると、ある日、私は確信した。そのときから、私は蘇生したように書き始めた。

（『天風先生座談』二見書房）

中村天風自身は、夜、寝る前に、鏡の中の自分に向かって「お前は信念が強くなる」といい、朝起きるとやはり鏡に向かって「私は信念が強くなった」といいつづけたといいます。

私は、寝る前に、そして鏡に向かう前に、自分の信念の中味を紙に書き出し、その言葉を口に出していうことをすすめています。

こんな簡単な習慣が、あなたを劇的に変えていくのです。

よい言葉で信念を創り、その信念を必ず実現するのです。

大リーグのイチロー選手も子どものころからの信念が今の彼を創り上げているといえると思う。イチロー選手は小学校六年生のとき、作文に次のように書いている。

「僕の夢は一流のプロ野球選手になることです。そのためには中学、高校と全国大会に出て活躍しなければなりません。活躍できるようになるためには練習が必要です。僕は三歳の時から練習を始めています。三歳から七歳までは半年くらいやっていましたが、三年生の時から今までは三百六十五日中三百六十日は激しい練習をやっています。

だから、一週間中で友達と遊べる時間は五、六時間です。そんなに練習をやっているのだから、必ずプロ野球の選手になれると思います。」

やっぱり信念は奇跡を起こすよ。その信念は言葉から創られる。

3 潜在能力をどんどん引き出そう。そのためにもすばらしい言葉をどんどん使おう

潜在意識の根底は、宇宙の元、エネルギーあるいは創造する力と結びついているといわれています。これを神とか創造主とかいう人もあるでしょう。潜在意識の活用法で世界的に読まれている本にジョセフ・マーフィーの『眠りながら成功する』（大島淳一訳、産能大学出版部）というものがあります。日本でも超ロング大ベストセラーとして知られています。

この本の訳序に次のようなことが書かれています。

「私たちは、最初は微少な受精卵にすぎませんでした。それが、だれがどう手を加えたわけでもないのに、目や鼻や内臓や手や足が出て人間に成長します。成長した体は、

食物から栄養を取り、老廃物は排泄して生きていきますが、これも別に意志でああしてこうしてと言わなくてもそうなっています。このような人間の存在を意識しなくてもつかさどっているものを潜在意識と言います。

また何億年か前、地球は火の玉でした。冷えるにつれて、鉱物、植物、動物、人間などが生じてきました。これをすべて生育させるものは潜在意識です」

そして、この潜在意識にはおもしろい性質があるというのです。

それは、「潜在意識がある一定の刻印を受けるとそれを必ず、現実の形にしてこの世に現わさずにはおかないという性質」（前掲書）です。

その刻印のしかたについては、言葉による自分の信念を使うことになります。中には信仰によってという人もあるかもしれません。

ここで大切なことは、否定的な言葉、消極的な言葉ばかりを使うことによって、その信念の刻印を無にしないことです。

信念とは、自分のやるべきこと、やりたいこと、なにがなんでも実現するぞという思いです。それは、すべて、積極語、肯定語で創られます。

信念は、そうした言葉によって形成され、力となり、あなたの潜在意識に刻印していきます。

その刻印がきっかけとなり、潜在意識に働きかけ、あなたの中に眠っている潜在能力をどんどん引き出していくのです。

これを「信念の奇跡」という人もいます。ただ奇跡ともいいますが、見方を変えればこの世のルールの一つでもあるのです。つまり、これこそが真理であり、本当の人間の力ではないかともいえるのです。

私たち一人ひとりには限りない潜在能力があります。それを引き出していくために、正しい言葉、自分の可能性を信じきる信念の言葉を用い、潜在意識を活用するのです。

人を分けるのは、見た目の才能ではなくその使う言葉であるというのは、この点からも間違いないことだといえるのです。

信念の言葉で潜在意識に刻印しよう！

マーフィー博士による潜在意識六つの原則を紹介しておきます（しまずこういち編著『マーフィー値千金の1分間』三笠書房）。

①絶対に恥ずかしがってはいけない
②言葉は肯定的にしなさい
③つねに現在進行形で語ること
④よい想像をすること
⑤くり返しなさい
⑥一人称で語りかけなさい

まさにマーフィー博士のいう「自分の人生は自分の思い描いたとおりになる」という至上の法則だ。

4　人は言葉にしたものは現実化できる

この世の物の根本はすべて同じものから創られているようです。

物質を細かく細かく分析していくと、分子や原子や電子そして、あとは、どんどんと理論上のものとなっていきます。いわば、「気」とでもいうしかないものから作られているのでしょう。あるいは「魂」とか「霊魂」とか。

つまり、人も、犬も猫も、木も花も、石ころも、同じ物からできているのではないかと思うのです。

この宇宙の根本たる「気」の力は、人間を創り出し、万物の霊長とし、人間が思えば、そして、言葉として口にするものを、どんどん作り出していっています。

愛や思いやりというすばらしいものから、原子爆弾、水素爆弾という、人類を滅ぼすことのできるものさえ、作り出しています。

「空を飛びたい」といって、飛行機を造りました。

遠く離れていても話したいといって、電話を発明しました。

本来動物的本能ともいえるセックスをもっと高めたい、素敵なものにしたいといって、恋愛というものを創り、文化文明の最大の原動力とすることができました。芸術を発達させました。

こうしてみると、私たち一人ひとりの人生も同じではないかと思うのです。

まず、自分という人間を信じる。

自分に限界を設けない。

やりたいことを考える。言葉にする。口にする。いいつづける。

そうしていると、必ず、いつか、言葉が現実のものとなっていく。

これが、この宇宙の、人間という存在のしくみではないのかと思うのです。

だから、人の差は知能テストや偏差値でもなく、ましてや学歴、家柄の差ではないのです。

自分を信じ、意欲し、言葉にしていくかどうかにかかっている、と私は思うのです。

私が、本を書きはじめてからいっていること「本を読むべし」というのは、こうした根本の発想が自分にあるからです。

発想といいましたが、実は、私もほとんどすべて本から学んだことです。本から学び、そこから、これは本当にそうだなと思える部分を自分なりにいただいているわけです。

やはり、先人や先輩が言葉にしてくれているから、できることなのです。

私たちの使命は、こうした先人、先輩が残してくれたすばらしい遺産を受け継ぎ、さらに発展させていくことではないでしょうか。

私にも、あなたにも、だれにも、その使命と手段は与えられているのです。

英国の英雄宰相チャーチルはいった。「夢を捨てるとき、この世は存在しなくなる」

チャーチルは大作家でもあったのよね。私も「蔵書ほど人に畏敬の念を抱かせるものはない」という彼の言葉が気に入ってるよ。

5　健康な体はまず言葉から

病気というものは、自分の体が自然のしくみ、心のしくみ、体のしくみ（天地自然の理）に反していることを教えてくれるシグナルといえます。

考えてみれば、ありがたいことです。いきなり「ダメ」といわず、「改めたほうがいいよ」ということで、警告を発してくれるのです。

私は、二度も、三度も、あと一歩というくらいの体の危険がありました。すべて自分が招いて原因を作ったためです。

二度ほど、高血圧、心臓肥大で、いつ即死するかわからないくらいにひどい体にしてしまった私は、反省し、体質改善に励みました。

しかし、いったんよくなると、そして何年かすると、再び忘れてしまって、元の生活に戻ってしまったのです。

最後の警告は、病院の手術ミスでした。しかし、その手術をやらなくてはいけない原因は私自身が作ったのです。

「もう最後だぞ、いい加減、本気で目覚めよ」というのでしょうか。本当にありがたいことだと思うのです。

病気を作り出す原因の一つは、マイナスな心、いつもストレスや不満で、いっぱいな心です。

もう一つは、食べ物のアンバランスが大きなものでしょう。

マイナスな心をプラスにしていくには、どうしたらよいか。それは、何度も述べているように積極的な言葉のみを使っていくことです。

食べ物の好き嫌いや、過食などを改善していくのも、まず言葉からだと私は思っています。

たとえば、にんじんが食べられない、ピーマンが嫌いという人がいます。

「生まれつき嫌いなんです」という。しかし、そんなことを口にする必要はありません。生まれつき、にんじんやピーマンが嫌いなわけありません。単に、習慣がなかっただけです。

こういう人は、病院のクスリは、喜んで口に入れる傾向があります。薬がおいしいとは思えません。体によいと信じているから口に入れるのです。

にんじんもピーマンもワカメも、薬だ、体によいからといつも口にしていれば、気づかないうちに大好きになるのです。

では、親から受け継いだ、あるいは他人から感染した生まれつきの病弱な体はどうか。

自分の招いた原因ではないことは、本当に、気の毒ですし、本人は、腹も立つし、悔しいに違いありません。

ここでは、生まれつきの虚弱で病気持ちだった大哲学者カントの話を紹介させていただきます。

カントは生まれつき、いつ死んでもおかしくないくらいの弱い体でした。あるとき、一人の医者から君は体はともかく、じょうぶな心のおかげでまだ生きていられる、そのことを喜びと感謝に変えていったらどうだろうか、といわれました。

そこで、少年カントは今までの自分を反省したというのです。

自分は今まで、喜んだこともなかったし、感謝したこともなかった。朝起きても夢の中でも、「つらい、苦しい」が口ぐせだった。それはやめてみよう。「ありがたい、うれしい」という言葉に替えてみようと決意したというのです。そして八十歳まで生き、晩年になるほど、後世にも大きな影響を与える「純粋理性学批判」などの著作を書いたのです。

この話は、前に紹介した中村天風も、不治の病と闘っているときに、師のアドバイスでふと思い出し自分が甦るきっかけをつくったとしてよく引用していました。そして、「まことに人の言葉は偉大である」と述べています。

中村天風自身もそうでしたし、同じく松下幸之助もそれぞれ病弱な体を嘆くのをやめ、喜びと感謝の言葉に替えてからというもの、見違える人となっていったというのは、いかにも示唆的《しさてき》な話だと思わざるをえないのです。

食べ物についての名言。
「どんなものを食べているか言ってみたまえ。君がどんな人であるかを言いあててみせよう」（ブリア・サヴァラン）
こうもいえるね。「どんな言葉を口にしているかいってみたまえ。君がどんな人であるかいいあててみせよう」（ポチ）ってね。

「病は気から」という言葉は本当のようね。それに加えて「健康は言葉から」という言葉を私は使うよ。

故郷《ふるさと》

「家」という概念がなくなり、大家族制も村落共同体もなくなりつつある日本。しかし、故郷という言葉は、いつまでも使いつづけたいものです。かつての有名な小学校唱歌「故郷」（作詞高野辰之、作曲岡野貞一）は、声に出して詩を読んだり、歌ったりすると、心が純化されるような、洗われていくような気がします。日本人が世界中のどこの国で歌っても人気があるという不思議な唱歌です。

詞を紹介しておきます。

ポチの覚えておきたい日本語 2

故郷（作詞・高野辰之、作曲・岡野貞一）

一、兎《うさぎ》追《お》いしかの山《やま》
小鮒《こぶな》釣《つ》りしかの川《かわ》
夢《ゆめ》は今《いま》もめぐりて
忘《わす》れがたき故郷《ふるさと》

二、如何《いか》にいます父母《ちちはは》
恙《つつが》なしや友《とも》がき
雨《あめ》に風《かぜ》につけても思《おも》い出《い》ずる故郷《ふるさと》

三、こころざしをはたして
いつの日《ひ》にか帰《かえ》らん
山《やま》はあおき故郷《ふるさと》
水《みず》は清《きよ》き故郷《ふるさと》

第4章　口ぐせの偉力

1　口ぐせが自分の人生を創っていく

口ぐせは一種の自己暗示です。

つまり、自分の意識を知らず知らずのうちに創っていくものです。

口ぐせとは、日ごろ、つい口に出してしまう言葉です。

それは、ある面、自分の心の奥で創られた潜在意識のちょっとした現われでもあります。そして、その潜在意識をさらに強固にしていくものです。

毎日の口ぐせは、強固で何物も崩すことのできない信念のようになっていきます。

だから、口ぐせ一つで、その人の人生はどんどん明るく拡がっていくこともあり、口ぐせのために、やることなすことうまくいかなくなっていくと感じる人生を送ることになったりもします。

たとえば、いつも次のようなことをいう人がいます。

第　4　章

「あーあ、つまんない」

「お金がない」

「いい男がいない」「いい女がいない」

「疲れた」

「死にたい」「死んじまえ」

「くそったれ」「あほんだれ」

「いやな奴」「バーカ」

「どうせ、なにやってもうまくいかないよ」

「私はダメな人間サ」

などなど。これを一日中、そして生涯いいつづけていると、その人の人生は、もう悪い信念が固まってきますから、よくなるはずはありません。

一方、

「だんだんよくなっているぞ」

「ついてるなぁ」

「美しい」

「ありがとう」

「なんとかなるよ」

「明日はよくなるよ」

「うれしい」

「すばらしい」

「私はなんて恵まれているんだろう」

「幸せ！」

などの言葉を口ぐせにしている人は、もう、これはよいことが起こることを信念としていきますので、だんだん、それに合った人生が開けていくわけです。

日本語は特に心のありようを示す言葉が豊富にあります。だから、一層のこと、口ぐせによる自己暗示には、気をつけなくてはいけません。

「私は、すばらしい」

「私は、素敵な人に囲まれている」

「私は幸せだ」

「私は感謝しています」

第　4　章

「ありがとう」

一人のとき、こんな言葉をいってみる、そしてくり返す習慣もよいと思います。

まずは形からだね。言葉にしているうちに、自分も変わる。潜在意識も変わってくれる。

私も、映画「風と共に去りぬ」で、スカーレット・オハラ（ビビアン・リー）が何度も口にし、そして、ラストでも使われる言葉が忘れられない。

「明日タラで考えよう。彼を取り戻す方法を明日考えよう。明日は明日の風が吹くわ」

2　自分を好きになることができない口ぐせ、人に好かれるための口ぐせ

時々、「自分を好きになることができない」というお便りをいただきます。
「どうしたらいいいんでしょう」と。
私は、次のように返事をします。

「自分が好きではない」ということですが、それはたぶんウソです。そう思っているフリをしているのです。心の奥は、「自分が大好き。こんな大好きな私なのに、どうして皆はわかってくれないいんでしょう」と思っています。
「自分を嫌う」というのは、心の防御法の一つなのです。子どものころ、受けた愛が足りなかったとか、その愛に気づかずにいたことからくる影響ということもあるかもしれません。

しかし、どこかの時点で断たないと、これが本当の自分となりかねません。元来ウソだった「自分を好きになれない」ということが、自分も世の中もそして大事な潜在意識も、自分という人間を好きになれないということで、固まってしまうのです。

そのためには、自分を信じる、自分を好きになる言葉を作って、くり返し口にするのです。これは、一人の時間にやってください。

はじめは照れくさいかもしれませんが、そのうち、当り前のようになります。

キリスト教の教会に入ったときに気づくことは、信者の人たちは、なんの恥ずかしさもなく、聖書の言葉を口にしていることです。神に誓っていることです。その光景を初めて見た人には、奇妙な感じもします。しかし、信者の人たちは、いつもくり返し唱えているので、当り前のことになって当然と思っていて、人のこと、まわりのことが気になりません。そうして、その教えが体に、心に、意識に染み込んでいっています。

同じように、私たちも、自分のことを好きになり、人に好かれ、人生をよく切り開いていく言葉を作り、どんどん口にしたいと思います。

特に、今、自分に疑問を持っている人、悩んでいる人には、ぜひともやっていただきたいと思います。

結局、人間は、だれ一人大差なくチャンスは同じなのです。あとは、自分をどこまで信じ、心の奥にある潜在意識をよい言葉で埋めていくことができるかです。そして、それによって、生きがいあふれる人生を歩んでいくようになることではないのでしょうか。

口ぐせを利用すると、自分もだんだん好きになれるよ。
「ボクはやっぱりイイ男だ！」

本当は皆、自分が好きなんだ。ただ、ただ、本当の自分に気づいていないだけ。自分を好きになる言葉を思い切ってどんどん使ってみることが大事。
「私は素敵なレディになっていく！」

3　口ぐせチェック

口ぐせは知らず知らずのうちに出ます。

だから、その矯正《きょうせい》は、ある種テクニックが必要かもしれません。

抽象的にいうと、前向きな言葉、肯定的な言葉、明るい言葉、気持よくなる言葉に敏感になることです。できるだけ、その使用頻度《ひんど》を上げていくことです。

そして、否定語、暗い言葉、悪口などを極力使わないように心の態度を決めておかなくてはいけません。

そのために、まず、一日のはじまりに、自分は、前向きな言葉、肯定的な言葉、感謝の言葉を使うことを確認します。

次にお昼時にも、食事をしたあとぐらいに、悪い言葉、否定的な言葉を使わなかったかを心の中でチェックします。

そして寝る前にもチェックしてみます。

次に、自分の考えるよい言葉、使いたい言葉をノートやカードに書き、時々、読んでみることも効果があります。

このためにも、ふだんから読書の習慣を持ち、よい言葉を見つけたり、感動したりしたら、すぐチェックして、あとで抜き書きしておくのです。

こうした小さな習慣が積み重なると、生涯では実に大きな財産となります。

口ぐせのチェックとして最後にしてほしいのは、自分のまわりの人たちの口ぐせです。

「類は友を呼ぶ」ともいいます。

自分のまわりがよい言葉を使わない人たち、否定語、消極語ばかりの人たちが多いということは、自分もその可能性が強いかもしれません。

そんなときは、今日からでよいですから、まず自分が言葉を変えていくことです。

少しずつまわりの人が変わっていくことになるはずです。

はじめはあせらずに、です。

目立たず、自分が変わっていき、それがもう口ぐせになり、よい言葉を使っているうちに、あなたが変わります。

あなたが変わると、少しずつ、気づかないうちにまわりも変わりはじめます。

変えられない人は、少しずつ、離れていったりします。

これほどに使う言葉、特に口ぐせというのは恐いものがあるということです。

まずボクから変えようっと。

友人やつき合っている人を見れば、その人がわかるね。

自分が変わっていくことで、つき合う人が変わることもあるけど、それは、しかたないこと。必要なこと。

モンテーニュの言葉。

「心は正しい目標を欠くと、偽りの目標にはけ口を向ける」

4　よい言葉をくり返す習慣が成功のキーワード

人類の歴史で、キリスト教以後、人々が発見し利用しているのが、よい言葉をくり返し唱えることとです。それが人生成功のキーワードであるからです。

私は、キリスト以前も実はそうだったのだろうと推測しています。

エスキモーの伝承詩の中にも、「言葉は魔法の力を持ち、人類は、口にした言葉のとおりの世界、地球を作ってきた」というのがあります。

西欧で今も広く信じられ定着している成功法則は、神を信じ、自分がその神に愛されている存在であることを信じ切る、という基本思想です。自分の願望を信念にまでして、そして実現し、神に奉仕していくというものです。

日本では、神様や仏様への祈りです。

日本人の近代、現代（特に第二次大戦まで）の強さの秘密もここにあるのかもしれません。

日本人は、神や仏の存在を信じてきました。日本には、あちこちに八百万《やおよろず》の神様《かみ》がいてくれます。

また、人々の間に、法然《ほうねん》、親鸞《しんらん》の「南無阿弥陀仏《なむあみだぶつ》」の念仏を唱えていれば極楽浄土に行けるという教えが浸透しました。

また、日蓮《にちれん》も、「南無妙法蓮華経《なむみょうほうれんげきょう》」を唱えていればよい、と教えました。

私の父は、智恩院壇徒《ちおんいんだんと》として自ら「法然ひとすじ」といい、念仏を毎朝唱えていました。

祖母は、小さいころ、朝から、仏壇の前で念仏を唱え、その間に、私を信じる言葉を入れ、いつの間にか私を洗脳していたかのようでした。

東芝を再建した土光敏夫や、東京都知事石原慎太郎氏など「法華経《ほけきょう》」を唱えて、人生の指針としている人もいます。あるいは、警備会社グループ「テイケイ」を率いる高花豊氏などのように「般若心経《はんにゃしんぎょう》」を早朝に唱えるという実践と運動をしている方たちもいます。

しかし、今の日本は、この念仏を唱える人すらも少なくなる傾向があります。

ここで、私は、なにもキリスト教でなくてもいい、宗教でなくてもいいから、自分を信じ、自分をよくしていく言葉を自分で作り、毎日朝晩、口にすることをすすめたいと思います。

まずは、他人の文章からでもいい、それを真似ながら、自分に合うものを創っていくといいと思います。一つの例をご紹介します。

私は正しい方向に導かれています。
すべての面で日に日によくなっています。
結局、成功しています。
私はすべてのことに感謝しています。
この世で起きることは、私にとって必然です。すべて私の成長のためにあります。
私はいつも明るく前向きで積極的です。
私は幸福です。他の人たちの幸せも願い実現していくために勉強し、働いています。
人を喜ばせることが私の生きがいです。
私は徳と知性と品性を身につけていきます。

私は社会に貢献していく仕事をします。
私は、富を得、それを社会に還元していきます。
私は、宇宙の創造主（霊魂、神、仏）と一体です。
私の人生は最高です。

ボクはオグ・マンディーノの次の言葉が好きだ。
「私は命あるかぎり頑張りぬく。なぜなら、今こそ、私は、成功のための最大の原理を知ったからだ。その原理とは『やりつづけることが、勝利への道だ』ということである。
私は頑張る。
私は勝つ。」

まさに「希望の星の光を見失うな！」だね。

お天《てん》道《とう》様《さま》がみている

お天道様とは、太陽のことを敬《うやま》ったいい方です。

人は、太陽の光なしには生きてはいけない。いやこの地球上の生き物すべてがそうでしょう。すべては太陽のおかげ。

しかし、ここでいう「お天道様」は、もっと意味が深いように思います。つまり、天地自然の理に従うべしというものです。どんなに、ずる賢《かしこ》い人も、巧妙《こうみょう》な人も、世渡《よわた》り上手の人も、どんなに権力がある人も、腕力がある人も、結局は、理にかなわないこと、悪いこと、ずるいことは、お天道様＝天地自然の理＝宇宙のルール＝世の中の大きなしくみ、というものが見逃さないということです。

お天道様を信じ、手を合わせ拝むという自然の宗教行為を日本人は、

素直に行ってきました。

日本人が礼儀正しいとか、日本人はねばり強いと世界でいわれつづけてきたのも、この〝お天道様〟のような思想が染み込んでいたからかもしれません。

子どものころ、おばあちゃんたちによくいわれたこの言葉を思い出し、これからも、使いたいと思うのです。なぜなら、この言葉は、やはり宇宙の真理、世の中の真理の一つであるといえるからです。

第5章　恋愛は言葉である

1　よい恋愛、悪い恋愛

人間には、すべての生き物に共通の〝種族保存本能〟というものが備わっています。そしてその本能から性欲も生まれてきます。

しかし人間には、万物の霊長、すなわち、この宇宙の発展、進化の役割を与えられていることからか、性欲のみならず恋愛という宝物が与えられています。

男と女に分かれた人間は、子孫を残すためにセックスをしますが、これに加えて心の高まりや文化、文明を発展させるエネルギーとしての恋愛が見出され、これを人類の宝として育ててきたのです。

男女の恋愛抜きにして人間の進歩、発展は考えられません。

そうした大切な恋愛ですが、この中にも、私は、よい恋愛と悪い恋愛があるのではないかと思います。

つまり、よい恋愛というのは、少し大げさにいうと人間の使命に貢献するもので、悪い恋愛は、その使命を阻害してしまうものです。これはいわゆる、〝不倫〟の概念とは一致しません。

今の時代にいう不倫とは、〝一夫一婦制〟の精神道徳に反するという意味でしょうが、まだ定着した考え方ではありません。

それに、結婚という形態をとらない恋愛も多くあります。結婚を選ばない人も増えてきました。そうした恋愛を心のバネに、人生の支えにして、世の中に役立つ仕事をしようと思った英雄、偉人も多かったのです。これからもきっとそうでしょう。

また、よい恋愛は、世の中のために、あるいは大切な好きな人のために、さらに、自分の成長のためになるというものですから、プラトニックな愛、しのぶ恋、片思いというものもそれに含まれると思います。

逆に悪い恋愛は、単に自分の欲望を満たすためのみのものです。相手のこと、まわりのことを全く顧慮しないものです。恋愛相手を言葉巧みにだましたり、セックス目的のみで、相手の心、気持を全く尊重していないものなどです。さらに自分を傷つけてばかりになる恋愛もよくないでしょう。これでは、自分も成長できず、世の中に不快の気のみを発散してしまいます。よい恋愛は、自分も相手も気持のよいものです。心地よく、うれしいものです。

これまで述べたのは、一応の考え方です。一つひとつの恋愛に同じものはありません。この世に生まれた人の数ほどの形があるのでしょう。

ただ、そのめざすべき方向性としてのよい恋愛を考えてみたのです。

武者小路実篤の言葉から。

「恋愛は性欲とはちがって、唯一の相手を求める」

「性欲は相手を尊敬しない」

じゃあ、私は川端康成『伊豆の踊子』の名セリフから。

「いい人ね。」

「それはそう、いい人らしい。」

「ほんとにいい人ね。いい人はいいね。」

2　よい恋愛はよい言葉から

恋愛は、いろんなきっかけからはじまります。

男も女も、いつも、よい男はいないか、よい女はいないかと求め合っているからです。

さて、そうした恋愛なのに、すぐ終わってしまうものも多いのです。長くつづかない、ケンカ別れしてしまう、相手が嫌になってどうしようもなくなるというのが圧倒的かもしれません。

恋愛は熱病のようなもの、すぐ冷めるものという見方もあります。

私は、それは、人それぞれであって、本当の愛（よい恋愛）は、違ったものになると思っています。ただし、それには条件があります。

まず第一に、相手の選び方です。

人には相性というのがあって、だれでもいいというわけではないのです。一番よいのはフィーリングが合うこと。これは潜在意識に近い魂の共鳴のような感覚であるのが理想。とはいっても、人はほとんど自分のまわりの人間関係で相手を選びますから、限定された中から選ばなくてはなりません。これはもう運命というようなものです。

そして私が考える最大の条件は、言葉です。

よい言葉を使う人の恋愛はよい恋愛になっていくのです。つき合えばつき合うほどお互いを高め合い成長させていける。

生きている喜びを言葉にし、あなたとつき合え、ともに時代を生きていける幸せを言葉にする人には、そういう人が恋人として現われ、つき合っていけるようになれる。これは、相手の選び方にも影響を与えてしまうということです。

時にケンカすることがあるかもしれません。

しかし、それは、さらによい人生をお互いに進めようというもののうえであれば、かえってよいものです。時が来ればさらに仲良くなれます。

「あなたと出会えてよかった、だから私はこうしてがんばれる」、の気持を入れて、「おはよう」「さよなら」をいい、手を握る。心を込めて。

相手に笑顔を忘れない。話をきちんと、愉快に気持よく聞いてあげる。時に「ありがとう」をいう。

こうした言葉と、心で、裏打ちされた関係を続けていけば、よい恋愛の道を歩めるのではないでしょうか。

最後にカエサルなどの英雄でかつ本物のいい男を研究し、追い求めるイタリア在住の人気作家塩野七生さんの言葉を紹介しておきます。これは男のみならず、女にも当てはまることだといえるでしょう。

「女に対して常に成功を収める男の武器は、美貌でもなく、教育程度でもなく、ましてや社会的地位や経済力では全くなく、ただただ言葉の使いようにある」

やっぱり言葉だね。
ボクの大好きな伊藤整の言葉。
「男と女というもの、その間のものの言い方に気をつければ、その関係が分かるものだ。ある人間に対するものの言い方は、その人間との関係の索引であり、露頭である」

言葉って、本当に不思議な力がある。心のときめきも言葉からなんだ。
私も伊藤整の言葉から好きなものを、一つ。
「教養と人格を持った女性の性感こそ本当の性感」である。

3　すべてのよいものは愛から生まれる

世の中を見ていると、なんだかずるくて悪賢い人たちがいい思いをしているんじゃないのかと思いたくなることもあるかもしれません。

私は、こんなにまじめに、人のために、世の中のためにやっているのに、あるいは、与えられた自分の役割をコツコツこなしているのに、どうしてつらいことが多く起きるのだろう、生活が楽にならないのだろう、と。

しかし、この見方はよくありません。

まず、第一に他人のことはどうでもよいことです。おそらく、うまくいっているようでも心の中は別です。人を利用したり、欺いたり、出し抜いている人たちの心は、それはもう〝阿修羅《あしゅら》〟のようです。心安まらず、自分すら信用できません。自分を信じ、人間のよさを信じられないからこそその生き方をしているわけです。こんな人生をうらやましいと思いますか。

私の知るある社長はたしかにお金をたくさん持ち、女性関係も派手です。しかし、社員はもちろんのことわが子や自分の母親さえも信じることはないというのです。

彼にとっての恋愛はイコール性欲のみです。この人は、世の中に何を生み出しているのでしょうか。お金？　仕事？

人は一度しか人生を送れません。いくらお金を稼ごうと、いくら大きな家に住もうと、いくらエッチができようと、愛や信頼や思いやりのない人生になんの生きがいがあるのでしょう。

だから、私はそうした人の存在は忘れてしまおうというのです。考えるとイヤになります。つまらないことに怒ることになります。

それよりも、自分のよい面を伸ばしていきたいと思います。

よい面とは、本性としての愛、思いやりです。良心、清らかな心もそうです。すべて、そういう心にはなってなくても、この面を大きくしていきたい。それが、私たちの人生の役割なのでしょうから。

世の中で本物といわれるもの、よいといわれるもの、正しいといわれるもの、それはすべて愛から生まれてくるのではないでしょうか。

私はそう信じています。

だから恋愛もよい恋愛をしたい。

たった一度の私の人生です。よい恋愛をして、世の中に生まれてきた役割を果たす人生を送りたい。

少しでも、よい面を伸ばし、自分を喜ばし、人を喜ばす人生を送ろうと思うのです。

「愛」という言葉、そしてその気持が本当によいものを生み出す力となるんだね。

愛の心、愛の言葉で、私の人生そして、私のまわりをよくしていくよ。

雨《あめ》降《ふ》って地《ぢ》かたまる

よくないこと、災難などが起きても、そのことによって、かえって物事がよくなっていくことになる、という意味です。

仮に自分につらいことが起きても、また勝負で負けたときでも、心ひとつ置きどころを変えれば人生は、かえってよくなるんだということを知った人が口にしてきた言葉です。

同じような日本語として「負けるが勝ち」というのがあります。一時的には、負けたほうがよいこともあることを教える日本人の知恵でしょう。目先の勝負で勝つことばかりにこだわっていると、長い目では、勝てなくなるよということです。

戦国時代の最終覇者徳川家康も、本当に勝負に出て勝ったのは、関ヶ原の戦いくらいです。

その家康もこの「雨降って地かたまる」という言葉をよく使ったようです。他にも、七つの遺訓の一つとして「勝つことばかり知りて負くるを知らざれば、害その身に至る」というのを挙げています。

やはり人は、負けること、失敗することを経験しなければいけない、ということです。有名なこの遺訓（東照宮遺訓）を次に紹介しておきます。さすがにうならされる教えです。

ポチの覚えておきたい日本語 3

東照宮遺訓

一、人《ひと》の一生《いっしょう》は、重荷《おもに》を負《お》うて遠《とお》き路《みち》を行《い》くが如《ごと》し、急《いそ》ぐべからず

一、不自由《ふじゆう》を常《つね》と思えば不足《ふそく》なし

一、堪忍《かんにん》は無事《ぶじ》長久《ちょうきゅう》の基《もと》

一、怒《いか》りは敵《てき》と思《おも》え

一、勝《か》つことばかり知《し》りて負《ま》くるを知《し》らざれば、害《がい》その身《み》に至《いた》る

一、己《おのれ》を責《せ》めて人《ひと》を責《せ》むるな

一、及《およ》ばざるは過《す》ぎたるに勝《まさ》れり

第6章

自分を成長させ、まわりを幸せにしていく言葉

1　なぜ私たちは生まれてきたのか

なぜ私たちはこの世に生まれて来たのでしょうか。
苦しむためでしょうか。
不幸になるためでしょうか。
悩むためでしょうか。
他人とけんかするため？
人に裏切られるため？　裏切るため？
お金を稼ぎ、貯えるため？
セックスをするため？
人に迷惑をかけるため？
なんだか違う。それがすべてでないはず。

第　6　章

私たちはこの宇宙の中の、ほんのかけらのような小さな星のさらにほんのほんの一瞬を生きる存在です。しかし、一瞬といえども一度しか生きられない、一人しかいないという、貴重な、それこそかけがえのない存在です。

宇宙というものを創った存在は、なぜに、人間という心と頭と言葉で、この宇宙をも考え、感じることのできるものを創り出したのでしょうか。偶然ではないはずです。

私は、こう考えます。

それは、やはり、宇宙は、真、善、美をめざしている。よきもの、正しいもの、清いもの、美しいものを創り出し、進展させていこうとしている。そのために人間を創り出し、その役割の最先端を与えている、と。

なぜなら、地球、人類、人間の歴史を見ていると、そうとしか思えないからです。

たしかに人間には醜い面があります。まだ、まだ、真・善・美はつかみきれてません。戦争もしているし、人も傷つける。

一人ひとりの人生も、つらいことが多くあります。

しかし、それをよくないものとし変えていこう、愛から生まれてくることこそ正しいもの、人間がめざすべきものという方向をめざそうという点では一致してきました。

そのことを気づかせるために、これまで人類は大変な犠牲を払っています。人間同士の戦争や殺人行為はその典型です。

地球環境も悪化させてきました。

今もそうです。

競争に勝つこと。

油断せず、けんめいにがんばること。

そんな社会を今、経験しています。

しかし、その中から、だんだんに正しいものは何か、めざすべきものは何かを教えてくれているのではないか。

私たちは、この大きな方向性に合う人生を送るべきではないのでしょうか。そのために生まれてきたのではないでしょうか。

できるだけ、よい言葉を、正しく、清く、美しく、愛を伝える言葉を使いはじめよう。

そうすると、宇宙の存在、そこからのエネルギーと合致し、だんだんに、よき人生が開かれていく。よき人たちとシンパシーが合い、よいつき合いが生まれる。

人が喜び、私が喜ぶ。

愉快な人生。心豊かな人生。自然を愛し、感謝し、自分の人生、存在にも感謝したい。毎日の仕事を誠実にこなしていく。

少しずつ、よい仕事にしていこうと努力する。

人とのつき合いも、少しずつでよいから、よい面を見つけていきたい。自分をよい言葉で包み、他人にその言葉を伝える。

自分のまわりから、生まれた喜びを作っていきたい。

おいしい食事に感謝し、あなたと出会えたことにも感謝したい。

やはり私たちは、生まれてきてよかった。

よい言葉を使っていこうと思います。

生まれてきたことに感謝したいよ。いい人に会えるし。助けられ、助けて、喜びを分かち合えるしね。

私たちは、どんどん世の中をよくするために生まれてきている。そのためにも、自分らしく生きて自分が必ず幸せになるんだ。

2　本当の自分は無限の可能性を秘めているはず

私の父は七十四歳でこの世を去りました。

彼の生涯を見ていて思うのは、日々、そして年齢を重ねるごとに、人間として成長していったということです。

子どもの私がいうのもなんですが、だんだんに人のために生き、人の役に立つ人間、頼られる人間となっていったのです。

なぜ、父は、あんなにも、自分を変えていけたのだろうかと、今、私は考えています。

若いころの父は、ケンカばかりが強く、しかしふだんは無口な、酒好きの男として他人から見られていたようです。

母と結婚し、子を持ち、そして、その母が病弱な体となったあたりから、少しずつ、変わっていったのではないかと思います。

一人の女性に全面的に頼られ、認め、愛されていったことは大きなきっかけだったのではないか。

そして、その妻が死に、父母を亡くし、孤独を知りました。息子（つまり私）は、遠くに行ったきりりです。この孤独の中で、人のめんどうも喜んで見、相談に乗り、にぎやかなこと、笑うこと、人とつき合うことの大切さ、人の役に立つことの幸せなどを一つひとつ自分のものとしていったに違いありません。

若いころの見せかけの彼がだんだん姿を消し、潜在意識の中で育っていった本当の彼が、どんどん、年を重ねるにつけ出てきたのです。

私は一人の人間として、彼を尊敬しています。

人は、こんなにも、自分を成長させつづけることができるのかと。

人に役立つこと、人に頼られること、人に喜ばれることのすばらしさ、これが本当の理想の人間である、そんな生き方を追っていってくれたのです。

その点、私はまだまだ遠く及びません。

しかし、私にも潜在意識の中に、これから出てきてくれる本当の私がいてくれるはずです。

この潜在意識の力で、私のこれからの可能性を信じています。

一歩でも、亡き父に、近づき、人の役に立てる、人に喜ばれる人間をめざしたいと思います。

人は、やはり、無限の可能性を持っているのですから。

本当の自分は、案外見えないものだし、変わっていくものなんだ。だったら、無限の可能性をだれでも持てるわけだ。あきらめてはいけないんだ。

私だって、どんどん成長するよ。だって、自分を信じ、そのための言葉をずっと使うから。

3　幸せとは何か

幸せは、たとえば次のようにいうことができるのではないでしょうか。

一つは、自分のやりたいこと、好きなことを見つけること、めざすこと。

もう一つは、よい人間関係を作ること。その中にいることを感じられること。

「幸せ」に、客観的な基準というのは、ないのかもしれません。先ほどのことを感じるとか、意識するとかなどの主観、心の問題ともいえるかもしれません。

私は、主観、心の問題といいましたが思い切っていうと、これはもう日々の言葉によってそうなると信じています。

つまり、幸せかどうかは、私たちが、使う言葉によるのです。

ここで私と両親の人生について考えさせてもらいます。

母は約十三年前そして父は最近亡くなりました。母は生前、父に感謝し、私や妹にも、そういいつづけました。父は、その言葉を受け、毎日、母を思い、私たち子どもたちや孫の成長を信じ、祈りました。

「しっかり生きよ」「ちゃんとせい」「正しく、清く生きよ」といいつづけました。決して母の死を嘆き、悔やんではいませんでした。母と出会った喜び、幸せのみを言葉にしました。その父が死にました。私は、たしかに悲しみに呻吟《しんぎん》しました。しかし、私は不幸でしょうか。父は不幸だったでしょうか。

私は父の子として生まれて幸せでした。父の子として生まれて誇りを持てました。父は死ぬまで、強くて、元気で、明るくて、親切で、人を助け、人に慕われていました。子どもの成長と孫の成長を喜びとしていました。

父は〝幸せ〟の言葉を選んで、そして語りつづけました。

父は死にましたが、こういう幸せを語る父の子として、私も幸せを、生きている喜びを語っていくつもりです。

私は母、そして父の死に臨み、幸せを感じました。父や母は、私の心の中で共に生き、意識でつながり、永遠の宇宙の中では、ともに不滅なのです。

なぜなら、私は、このことを、こうして言葉にでき、言葉として発し、書いているからです。
言葉にすることこそ、存在できるものなのです。
幸せも言葉からだと私は信じています。

人の「死」は終わりではないんだね。

そう。私たちの根本は心と精神、意識と魂だと思う。そして言葉もいつまでも残るものではないのだろうか。

4　自分を成長させたい。まわりを幸せにしていきたい

ここまでで、人間は言葉で創られ、そして言葉で世の中を創ってきたことがわかりました。

人生は、だから、言葉そのものなのです。

自分の人生をどうするのか。

それは、私たちが自分で選び、使う言葉の中で自分が決めて、進んでいくのです。

私は、「ありがとうございます」で目覚め「ありがとうございます」で一日を終わりたいと思います。そして、明日の元気で明るく、正しく清く生きる自分を信じる言葉で、眠りに入りたいと思います。

私は、人生の最後も「幸せです。ありがとうございます」で、終わりたいです。

そのために、これからの人生を生きていきます。

そのために、つらいことも、苦しいことも、悲しいことも、私の発する言葉で、それを私自身の成長の糧《かて》として変えていきたいのです。

一度きりの大切な人生ではないか、これからは悔やんだり、恐がったり、怒ったり、悲しんだりは、すまいと思いたいのです。

幸せも、喜びも、願望達成も、自分の人間性、人間的大きさも言葉で決まるのだから、よくなる言葉を確認し、覚え、使っていこうと思います。

口にし、紙に書き、自分に言い聞かせ、人に伝えていこうと思います。

さあ、一つひとつでいいから、自分を生かす言葉そしてまわりに役立つ人となる言葉を使えるようになっていきましょう。

だって言葉は力そのものであり、すべてのものを生む源《みなもと》なのです。

言葉は、あなたの望みを叶《かな》え、あなたを幸せにする魔術そのものなのです。

第　6　章

「ありがとう」

「ありがとうございました」

待《ま》てば海路《かいろ》の日《ひ》和《より》あり

日本は、海に囲まれた島国です。海上交通の手段として船を活用してきました。しかし、日本の船は、伝統的に、そして徳川時代は幕府の政策として、大型船は造りませんでした。すべてお天気まかせだったのです。

ここから、悪天候が続いても、必ず、よい天気の晴れた日がやってくるよ、待ってましょう、という意味の、この「待てば海路の日和あり」という言葉が使われたのでしょう。

この意味は、さらに、人生全般に広くいわれることにもなりました。つらいこと、苦しいことが続いても、しんぼうしていれば、必ず事態は変わってきますよ、だから、くさらず、前向きな気持でいつづけよう、というのです。

あとがき

ポチのあとがき

言葉がこんなにもボクたちの人生で重要なものであるとは思いませんでした。今回の勉強で、言葉の偉力、魔術をよく理解できました。これから自分の人生をよくしていくための言葉を身につけ、使っていきます。

たまのあとがき

人間関係、仕事、そして恋愛の出来、不出来から、人間としていかに成長していくかまでを司る言葉こそ、私たちの未来、世の中のゆくえを左右する重要なものなんですね。

一つひとつ、私らしい、私にふさわしい、よい言葉を身につけていきたいです。

ハイブロー武蔵のあとがき

〝言霊《ことだま》の国《くに》〟といわれた日本が、今ちょっと元気がないらしい。

だったら、元気の出る言葉、勇気の湧く言葉、どんどんよくなる言葉を使うしかありません。しかし、現実のテレビや新聞、そしてまわりの人たちの言葉を占めるのは、マイナスの言葉がほとんどになってしまっています。

だからこそ、ここで「言葉の魔術」を学び、身につけたいと思います。そして、この大好きな日本や私とあなたを幸せにしていきたいものです。

必ずそうなります。

あとがき

最後に、編集を担当していただいた総合法令出版の飯嶋洋子さんに感謝いたします。

そして、この本の完成を楽しみにしてくれていた亡き父に「ありがとうございました」の言葉を添えさせていただきます。

お手紙などで「ポチ・たま」シリーズに熱いご支援をくれた読者の皆様にも、この場をお借りして、心からお礼申し上げさせていただきます。

執筆者紹介

ハイブロー武蔵（はいぶろー むさし）

1954年（昭和29年）福岡県生まれ。早稲田大学法学部卒業。海外ビジネスにたずさわった後、数社の会社を経営し、現在エッセイストとして活躍中。読書論と成功法則を結びつけた独自の視点と考え方が共感を得ている。

著書に、『希望の星の光を見失うな！』、『読書力』、『読書通』、『ハイブロー読書術』、『本を読む人はなぜ人間的に成長するのか』、『勉強人』、『僕は自分と君のために本を読もうと思う』、『めんどうな人間関係で〔絶対〕つまずかない作戦』、『「儲かる！」しくみ』、『本を読む理由』、『生きがいの読書』、『自己信頼』、『いますぐ本を書こう！』、訳書に『ガルシアへの手紙』、『ローワン』、解説として『きっときっと幸せになれる』、編著に『ポチ・たまと読むみんなのための日本国憲法』、『ポチ・たまと読む人を好きになる技術人に好かれる技術』、『ポチ・たまと読む自分を変えてくれる本にめぐり合う技術』、『ポチ・たまと読む思いを伝え、心をつかむ技術』（すべて総合法令出版）などがある。

お手紙のあて先　〒107-0052　東京都港区赤坂1-9-15
日本自転車会館2号館7階
総合法令出版　第2編集部気付
ハイブロー武蔵　行

視覚障害その他の理由で活字のままでこのほんを利用できない人のために、営利を目的とする場合を除き「録音図書」「点字図書」「拡大写本」等の制作をすることを認めます。その際は著作権、または、出版社までご連絡ください。

ポチ・たまと読む
ココロが成長する言葉の魔術

2002年10月 8日　初版発行
2003年 8月11日　5刷発行

著　者　ハイブロー武蔵 + ゆかいな仲間たち

発行者　仁部　亨

発行所　総合法令出版株式会社
〒107-0052　東京都港区赤坂1-9-15
日本自転車会館2号館7階
電話　03-3584-9821（代）
振替　00140-0-69059

装幀・造本　BUFFALO.GYM

印刷・製本　中央精版印刷株式会社

落丁・乱丁本はお取替えいたします

2002 ISBN4-89346-767-0　Printed in Japan

総合法令出版ホームページ　http://www.horei.com